AF222605

*Impressum*

*Text*
© copyright by Jens G. Kunze

*Illustrationen*
© copyright by Carolyn Malina (Carolyn Pini)
www.cmalina.ch

*Verlag*
Herstellung und Verlag: Books on Demand GmbH, Norderstedt


ISBN 978-3-8370-5788-1

2

Danksagung!

Ich muß allen Menschen danken, mit denen ich jemals zusammengekommen bin. Denn nur so konnte aus mir das werden was ich heute bin, aber es gibt besondere Menschen denen ich sehr viel verdanke.

Allen voran meinem Bruder Lars, der immer für mich da ist, wenn ich ihn brauche. Meinem Vater, von dem ich meine ruhe und die leicht künstlerische Ader geerbt habe und der mir zusammen mit meiner Stiefmutter eine hervorragende Erziehung gegeben hat, ich vermisse ihn. Ich danke meinen Kindern, das sie mich so ungeheuer stolz und glücklich machen, meiner guten Freundin und Mitautorin (Illustrationen) von diesem Werk, mit ihr kann ich immer hervorragend philosophieren. Janina, meinem Sonnenschein, danke das du immer an mich glaubst. Danke Ina, aus dir habe ich und tue es immer noch, eine menge Kraft und Elan gezogen.

Vorwort

Es geht um die Balance, bzw. das Pendeln der Emotionen zwischen Liebe und Schmerz.
Dabei spürte ich in den letzten 15 Jahren meinen Empfindungen und Gefühlen nach und wie sie sich im Dilemma der Schwingungen zwischen der hellen und der dunklen Seite in mir bewegen.
In der Hälfte der Gedichten verarbeite ich Tod, Trauer und Abschied. In der andern Liebe, Freude und Hoffnung.
Ingredienzien wie sich in jedermanns Leben finden und mit denen jeder Mann und jede Frau konfrontiert wird und seine ganz eigene Form finden muss damit umzugehen.
Meine Gedichte sollen den Menschen helfen ihre eigenen Gefühle zu reflektieren. Ihnen zeigen, daß sie nicht allein sind mit diesen Emotionen und daß sie zum Leben dazu gehören. Ja das Leben  ausmachen, bzw. der Umgang mit ihnen.
Dieser Gedichtband zeigt das Dilemma der menschlichen Natur, die sich zwischen Liebe und Schmerz bewegt und bietet eine Art Philosophischer Auflösung durch die Darstellung der Wechselwirkungen von Liebe und Schmerz.

Die Illustrationen widerspiegeln die Gefühlswelt der Gedichte und unterstützen so den Selbstreflexionsprozeß des Betrachters.

Die Gedichte sind moderne, prägnante, eindringliche und vor allem klare Schilderung von Gefühlen die Wiedererkennungscharakter

haben.

4

Jedes Gedicht hat ein eigenes Bild, also eine Visualisierung des Gefühlszustandes das im Gedicht beschrieben wird. Dies macht die einzigartige „Begreifbarkeit" der Texte aus.

Die Bilder sind außerdem nicht die übliche „von aussen" gesehene Darstellung sondern Gleich dem Auge eines Kindes, die von Innen heraus gefühlte und dargestellte Wirklichkeit des Textes.

Ich hoffe ihnen gefallen die Texte und die Illustrationen und wünsche gute Unterhaltung.

Ihr

Jens G. Kunze  (j.g.kunze@yahoo.de)

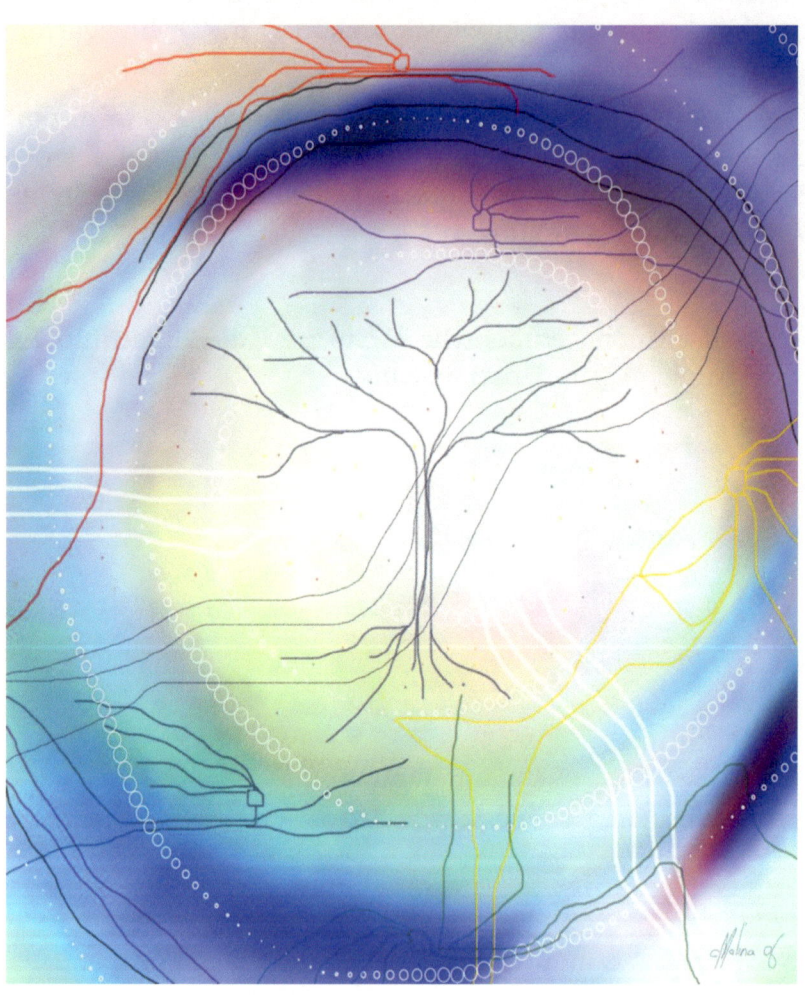

*zwiespalt der seele*

graublaue augen,
strahlend und schön,
gequält von innerer pein.

goldene haare, sonnendurchflutet
leuchten hell,
doch darunter willst du schreien.

ein lachen so schön,
so glockenhell,
doch in wirklichkeit willst du schreien.

gedanken rasen, kreisen,
kreischen nur noch
verwirrung, angst und pein.

ich sehe dein ich,
deine seele verhärtet,
voller angst, voller pein
angefüllt mit gequältem schreien.

du willst scheinen, strahlen,
hell leuchten,
musst berührungen ertragen,
die dir das nicht erlauben.

freiheit kennst du nicht,
bist gefangen in deiner pein,
eingeschlossen durch deine
seele,
nichts und niemand kommt rein.

ich sehe dein Ich, suche, taste
und fühle nach einem riss,
ein kleiner spalt reicht und ich befreie
dich.

ich fühle den riss,
hab zugang bekommen,
behutsames vorankommen,
auf lange sicht,
wird mir helfen,
DICH frei zu bekommen.

deine seele fleht mich an,
befreie mich,
du spürst meinen willen,
doch noch traust du dich nicht.

lass dich fallen, ich fange dich
auf,
lass dich gehen, ich höre dir zu,
lass den tränen freien lauf,
schwemm alles weg,
ich trockne die tränen und halte dich.

egal wann, egal wo, egal wie,
ich bin für dich da,
vertrau und bau auf mich.

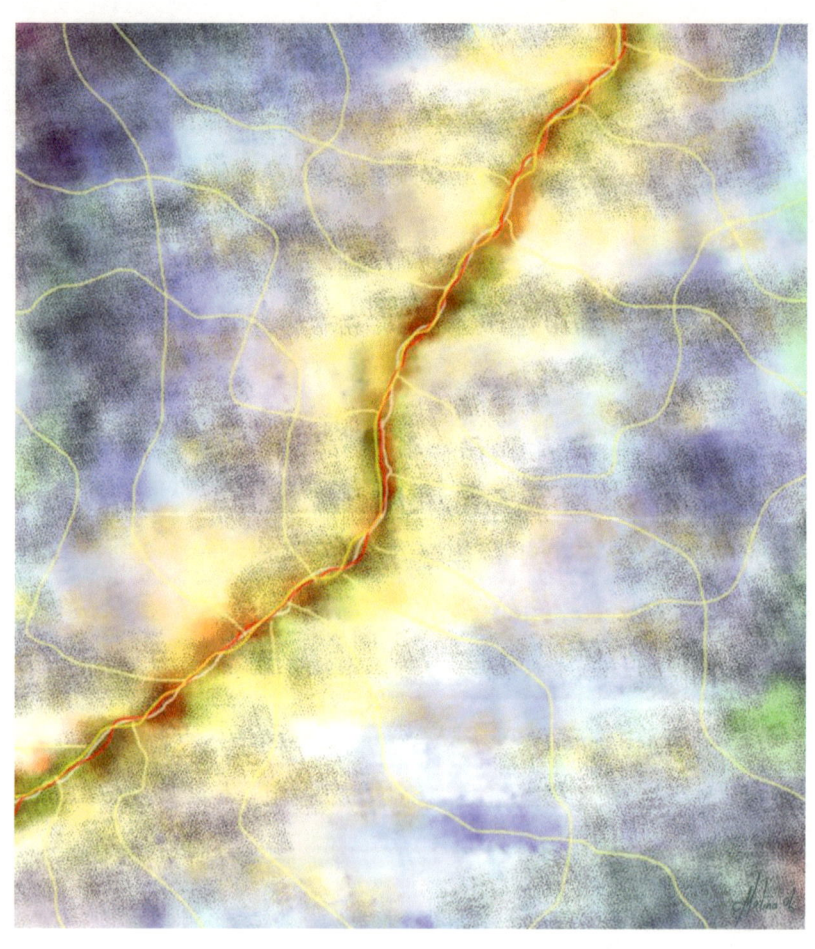

*vulkan*

stille wasser sind tief -
ich bin still und sehr tief.

ich scheine oberflächlich,
aber das ist gefährlich.

meine oberfläche ist glatt,
glatt wie ein stiller bergsee.

diese oberfläche beginnt sich zu
kräuseln,
kräuselt sich für 1000 jahr.

stille wasser sind tief.

ich bin so tief wie der grand canyon,
wie die andreasspalte.

so tief und dunkel wie das all.
voller gefahren, dunkel und kalt.

stille wasser sind tief
und ich kann warten.

1000 jahre kräuselt sich die
oberfläche,
doch dann kommt der knall

1000 jahre sind vorbei
und was dunkel war und
verborgen,
kann nicht mehr zurück,
drängt nach oben.

stille wasser sind tief.

ich bin sehr still und sehr tief,
die oberfläche kräuselt für 1000
jahr,
bricht auf und was tief und
verborgen war,
kommt nach oben.

du fällst in meine tiefe und bist
still,
es gibt kein entrinnen.

die rache ist mein
und wird fürchterlich sein.
stille wasser sind tief.
ich bin sehr still und sehr tief.

dein vulkan.

*unverwundbar*

es wird dunkel,
die nacht bricht herein.

aber ich seh den mond nicht,
auch nicht die sterne.

der himmel ist bedeckt,
macht die nacht noch schwärzer -
schwärzer als sie so schon ist.

es ist dunkel,
ich wander durch die gassen
und hab keine angst.

ich seh die schatten nicht,
die bedrohung die lauert,
schreckt mich nicht.

ich bin unverwundbar,
stark in gedanken.

meine gedanken kreisen um dich,
du machst mich stark,
gibst mir kraft,
machst mir mut,
machst mich unverwundbar
für die schrecken  die hier lauern,
in der dunklen schwarzen nacht.

der himmel bricht auf,
der mond kommt hervor.

strahlt herab,
verscheucht die schatten der
nacht.

ich geh durch die gassen
und jetzt seh ich dich.

der mond strahlt,
zeigt mir den weg
und ich finde dich.

ich halt dich in den armen,
geb dich nicht mehr her.

der mond strahlt
und endlich habe ich dich.

denn dich,
meine mondgöttin,
liebe ich.

12

*energieflüsse*

gefühle von freude durchdringen
mich,
ich fühle mich gut,
nur merke ich es nicht.

helle, leuchtende gedanken,
durchdringen mein sein,
machen mich glücklich,
wie kann das sein?

ich spüre kraft und energie,
bekomme sie von wo anders,
als von da,
woher ich sie sonst bezieh.

dann schreibst du mich an,
sofort strahle ich,
freue mich
über dein hier sein.

wir reden, kabbeln,
ziehen uns gegenseitig auf,
irgendwas ist da,
nur komme ich nicht drauf.

dann höre ich dich,
ein schauer jagt mir über den rücken,
ich bin verwirrt,
doch glücklichsein stellt sich ein.

plötzlich strahlt alles,
plötzlich ist alles hell,
deine art zu leben,
mit mir zu reden,
mich innerlich auszufüllen,
erzeugt einen wunsch bei dir zu
sein.

energien durchfluten mich,
verändern mich,
lassen mich neu entstehen.

es ist ein schönes gefühl,
der geschmack von leben,
ich will mehr.

du geleitest mich,
auf meinem versuch,
neue wege zu gehen.

leben stellt sich ein,
das denken ändert sich
und ich wage es zu sagen,
ich liebe dich.

*luft*

du rennst,
so schnell deine beine sich
bewegen,
läufst, bleibst nicht stehen.

Hast das Grauen gesehen,
bin dicht hinter dir,
gib acht und nicht stehen.

du keuchst und hechelst,
dein atem rasselt.
deine lunge brennt,
bekommst kaum noch lLuft,
aber du rennst.

saugst die luft verzweifelt ein,
aber deine lunge brennt,
messer stechen hinein
und der schmerz muss
unerträglich sein.

dein hals ist zugeschnürt,
bekommst keine luft mehr,
dein atem stockt,
jetzt geht nichts mehr.

du klappst zusammen,
rappelst dich hoch
und bleibst liegen,
jetzt ist es vorbei,
ich werde dich kriegen.

du hast das grauen gesehen,
meine klauen im mondenschein.

ich bin über dir,
bleibst still liegen,
hinterlasse keine zeugen,
sie werden mich nie kriegen.

hacke, zerfetze
und zerfleische dich,
mein geheimnis bleibt gewahrt,
du bist jetzt in meinem reich,
du bist jetzt bei mir.

du hängst über dem feuer,
sußer geruch
nach gerösteten fleisch von dir,
hängt in der luft,
lässt mich gieren nach dir,
gebratener hase schmeckt gut -
und ich labe mich an dir.

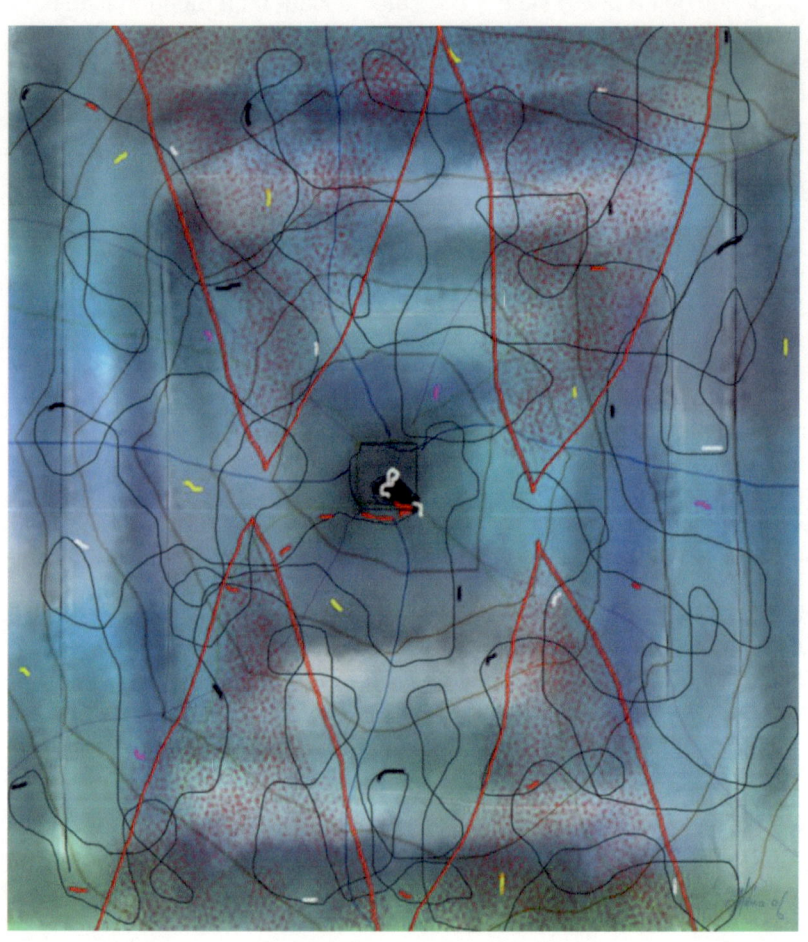

16

*angst*

dunkelheit, tiefe schatten,
schabende geräusche
und leises kratzen.

die angst sitzt dir im nacken,
die kleinen härchen vor grauen
aufgerichtet.
du weißt sie werden dich packen.

still und zusammengesunken
sitzt du in der ecke,
doch innerlich bittest,
bettelst und flehst du,
die augen angstvoll ins dunkel
gerichtet.

tanzende schatten,
sie kommen langsam auf dich zu.
sie werden immer mehr.
umkreisen dich, bedrängen dich,
schließen dich ein.

das kratzen wird lauter,
die geräusche drängender,
scheinen zu flüstern -
"komm zu mir."

doch die angst wird stärker,
sie lähmt dich, hält dich fest in
ihren klauen und zwingt dich auf
deinen platz.

du willst aufstehen und rennen,
hinein ins sichere licht,
doch bewegen kannst du dich nicht,
hältst den Atm an und hoffst.

hoffst, dass die schatten dich
nicht finden.
hoffst, dass die geräusche
verschwinden,
hoffst auf ein gutes ende,
doch diesmal, so scheint es,
ist es dein ende.

das kratzen ist jetzt ganz nah,
die geräusche flüstern eindringlicher
und die schatten tanzen ein
schnelles,
hektisches wirrwarr.

dein herz pulsiert, rast,
schlägt hektisch und jagt dein
blut durch die adern
und lässt es kochen.

sitzt ganz still,
hältst den atem an,
doch diesmal hast du verloren.

ich höre dein herz pochen,
höre dein blut rauschen.

ich rieche deine angst.
dein süßer geruch,
der aus deinen poren strömt,
zeigt mir den weg.

du hast verloren,
du gehörst mir,
diesmal gibt es kein entkommen.

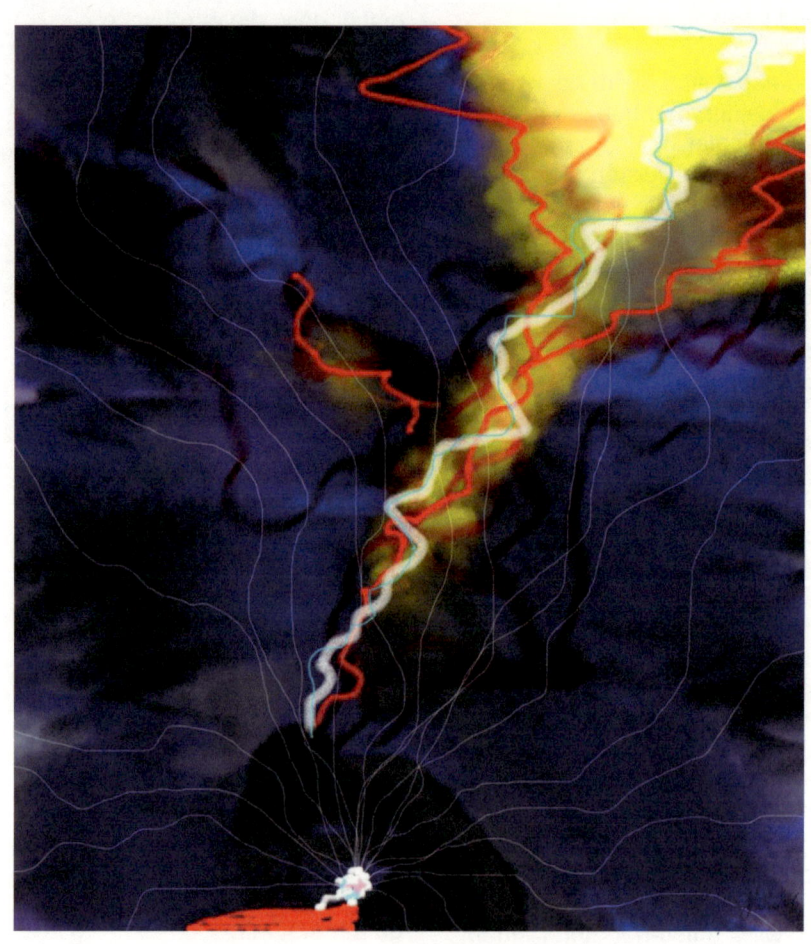

*ausgesaugt*

komm herein -
zier dich nicht -
fühl dich wie zu haus.

ich schliesse die tür,
dreh den schlüssel um.
warte noch einen moment -
gleich bring ich dich um.

du bist gefangen
und merkst es nicht.
das spiel hat begonnen,
du armer wicht.

du bist in meiner welt -
sie gefällt dir nicht?

bedeutungslos ist dein leben,
seit diesem moment.
schenke dir leiden,
schmerz und angst,
weide mich an deinen qualen,
sauge dir das leben aus.

irrsinn brennt in deinem gehirn,
frisst dich von innen auf.

die angst nährt deine furcht,
treibt den schweiss aus allen poren,
für dich gibt es kein entkommen,
du bist verloren.

bereite dich vor -
die letzten minuten verrinnen.

beuge deinen kopf,
spanne deinen hals
und ich seh die ader pochen.

schlag meine zähne in deinen Hals,
sauge dich aus,
dein leben ist beendet,
du süsse kleine maus.

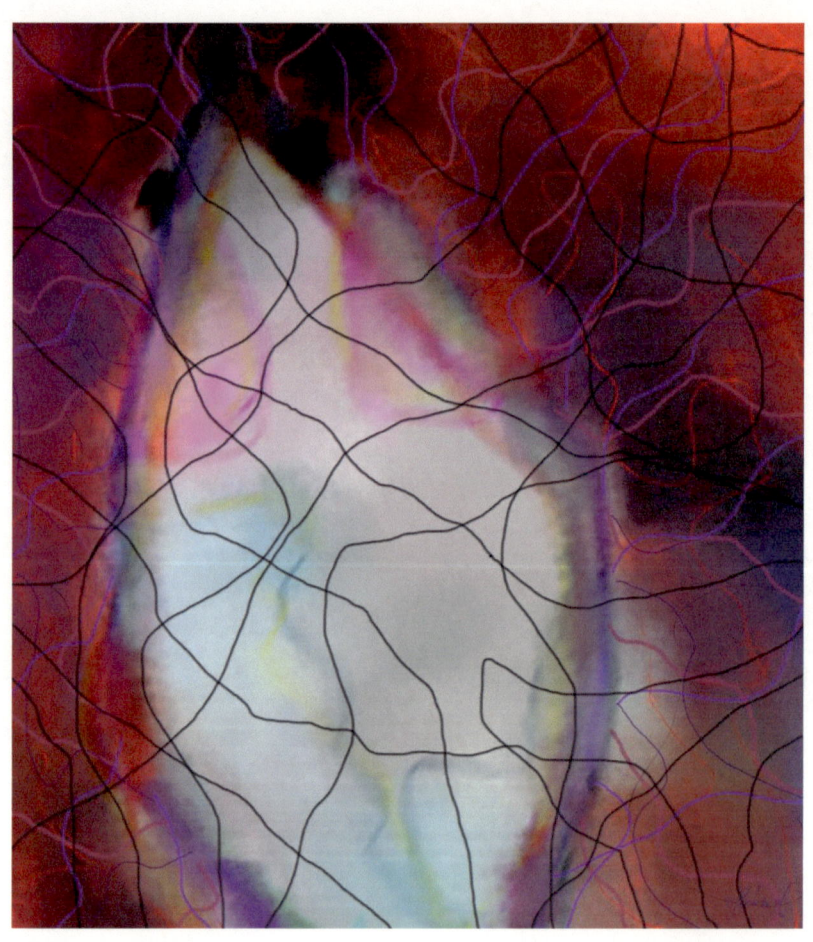

*brennende dunkelheit*

der himmel blutig rot,
scheint in flammen zu stehen,
es gibt nichts mehr zu sehen.

es ist müssig hier zu stehen,
den himmel anzusehen,
in seinem blutigen rot.

dir nachzusehen,
in die richtung in die du gingst,
weg von mir,
entglitten meinen armen,
sprengt mein herz,
raubt mir den atem.

die flammen am horizont
erlöschen,
das blutige rot vergeht,
macht platz der dunkelheit,
die sich fest und still,
um meine seele legt.

sehe den weg entlang,
den du vor so langer zeit bist
gegangen.

sehe deinen schatten,
sehe dein süsses lächeln
auf dem Gesicht,
hebst den arm,
winkst mir zu,
verschmilzt mit den schatten.

hebe meinen arm,
will dich greifen,
dich bei mir halten,
aber du verschmilzt mit der
dunkelheit,
die sich fest um meine Seele legt.

tag um tag stehe ich hier,
sehe den weg entlang,
den du genommen,
als du von mir gegangen.

mich zurückgelassen
in diesem blutigem Rot,
mich stehen gelassen
in den Flammen,
die mich von innen verbrennen
und mich verzehren in der dunkelheit.

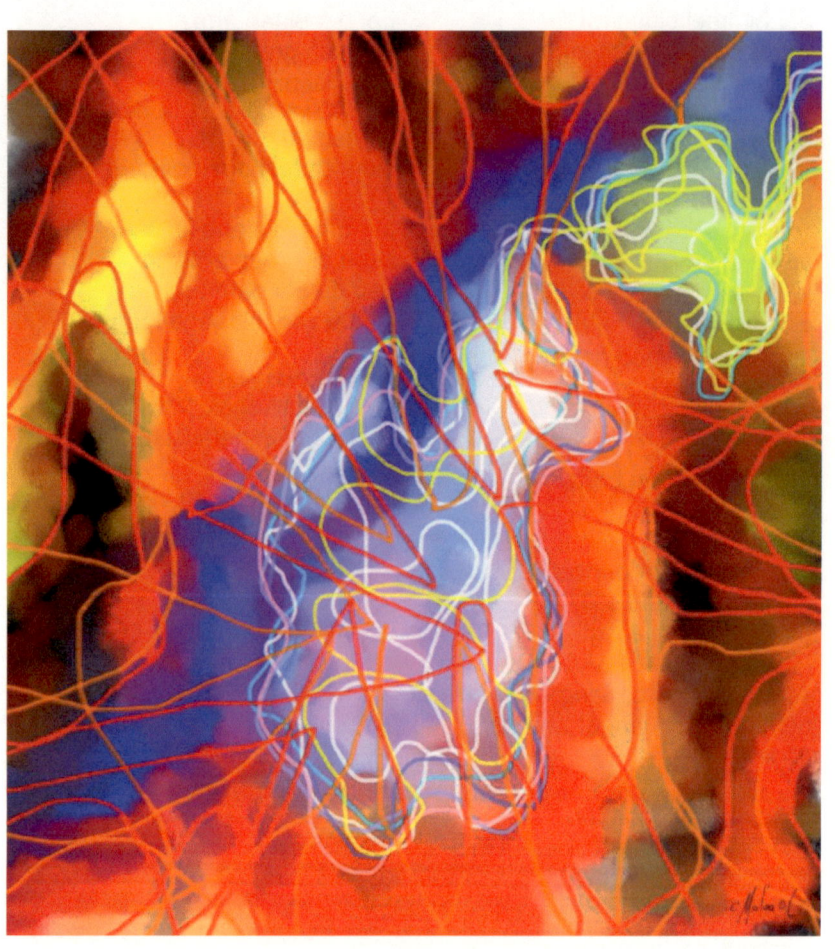

*der traum*

ich hatte einen traum.
ich träumte, dass du bei mir
wärst.

ich träumte von einer schönen
zeit.
ich träumte, dass wir zusammen
lachten und über alles redeten.

ich träumte, dass du mich in
deinen armen hältst.
ich träumte, dass du neben mir
liegst.

und ich träumte von dem morgen,
nach unserer  nacht.
aber als ich aufwachte,
lag niemand neben mir.

ich ging ins bad,
spritzte mir kaltes wasser ins gesicht.
ich schaute hoch und sah
mein gesicht im spiegel.

Ich schaute in meine augen
und was sich darin spiegelte -
ein junger mann, der keine
träume mehr hatte.

ich sah in den spiegel
und meine augen sahen
einen jungen, alten mann
der ein versager war.

ich hatte einen traum.
einen traum von einem
neuanfang.
einen neuanfang für uns.

schau in dein herz,
tief in deine seele
und seh den richtigen weg
um unser leben neu zu beginnen.

ich spritzte mir erneut kaltes
wasser ins gesicht.
ich schaute in meine augen.

und was sich darin spiegelte
war ein junger, alter mann, der
keine träume mehr hat.

meine augen sehen einen alten,
gebrochenen mann, der ein
versager ist.

*feuerengel*

mein feuerengel,
ich denk den ganzen tag an dich.

du bist in mir drin,
strahlst so hell,
brennst in mir.

schürst meine sehnsucht,
meine wünsche,
meine träume.

mein feuerengel,
ich vertraue dir,
du brennst in mir,
bist mein überlebenselixier.

mein feuerengel,
strahlst so hell,
so warm.

du brennst in mir,
bist in mir drin,
schürst meine sehnsucht,
wie der haken den kamin,
lässt mich lodern,
lichterloh.

dich zu kennen macht mich froh.

26

*kämpf gegen das gGefühl*

ich schau hinab,
auf diese verfluchte stadt.
ich schau auf die menschen -
und endlich sehe ich klar,
sehe gesichter voller schmerz.

ich kann es nicht vergessen,
das trübe hindämmern des
glücklichseins,
in einem kokon aus trug und schein.

für dich war es nur ein spiel,
war ich nur einer von vielen.

ihre gesichter,
sie sehnen sich nach hoffnung,
aber es ist alles vergebens.

ich kann die menschen nicht
vergessen,
in ihrem eigenen kokon
aus trug und schein.

ich kämpfe gegen das gefühl,
und du zeigst mir deine stärke,
aber ich kämpfe
gegen das gefühl des
verlangens.

du musst kämpfen,
bis zum bitteren ende.

du sagst meine gedanken
seien so grausam.
aber ich kann
und werd dir nicht helfen.
ich lebe jetzt nach meinen regeln.

du wirst dich niemals ändern,
du spielst immer nur,
zeigst niemals deine wahre natur.

du hältst mich für einen narr,
weil ich nicht mehr auf dich hereinfall.
und liest meine gedanken.

du hast niemals kapiert,
dass beides nicht stimmt.
ich kann die menschen nicht vergessen-
und du bedauerst es.

ich kämpfe gegen das gefühl.
und du zeigst mir deine stärke.

du glaubst du kennst mich,
aber du hast nie kapiert,
dass das nicht stimmt.

du zeigst mir deine stärke,
und ich kämpfe gegen das gefühl
von selbstverachtung, hass
neid und leid.

*seelenverlust*

du kniest vor mir,
den kopf geneigt,
bittest, bettelst, flehst,
genug jetzt, es reicht.

du hattest deine chancen,
mehr als genug.

wolltest zeigen wie gut du bist.
wolltest alles regeln.
aber jetzt stehst du da,
wie ein pudel im regen.

nichts hast du geschafft,
deine versprechen so hohl,
genau wie deine taten.

nichts ist geschehen,
es gibt kein besseres leben,
nicht einmal auf raten.

ich gab dir macht,
brachte dich nach oben,
unser vertrag lief auf seelen,
eine ganze millionen,
aber nichts ist geschehen.

du bittest, bettelst, flehst,
deine chance vertan.

deine zeit ist um,
deine chance vertan,
ich kündige unseren vertrag.

reckst deine kehle mir entgegen,
deine seele steigt zu mir empor.

lasse deine leere hülle liegen,
in dem kalten nassen regen,
so wie du all die anderen zuvor.

## du hast meine liebe betrogen

hörst du den klang der
enttäuschung?
er schreit nach dir.
warum begreife ich nicht,
dass ich nicht mehr an dir
hänge?

ich benehme mich wie ein narr.
da ist niemand um mich herum,
was soll ich tun?
jetzt hast du mich verletzt.
ich will nicht dass du bleibst.

was immer du mir auch sagst,
es bedeutet mir nichts mehr.
was immer du auch tust,
es bedeutet nichts mehr.

hörst du was ich sage?
es ist nicht das was ich denke.
mein kopf ist eine kette,
voller gedanken.
winden sich vergeblich.

du brauchst immer die harte
tour.
wir sind durch damit,
beweisen brauche ich dir nichts
mehr
- überzeuge dich.

ich will nicht dass du bleibst.
was immer du mir auch sagst,
es bedeutet mir nichts mehr.
was immer du auch tust,
es bedeutet nichts mehr.

du kapierst einfach nicht was los ist.
jetzt bist du die einzige die lacht.

du hast meine liebe betrogen.
die gerüchte waren wahr,
ich wollte sie nicht hören,
nicht sehen – dein fremdgehen.

ich war immer für dich da
und machte mich jedes mal
zu deinem narr.

du hast meine liebe betrogen,
dich in lügen und intrigen verwoben,
und dein eigenes selbst verloren.

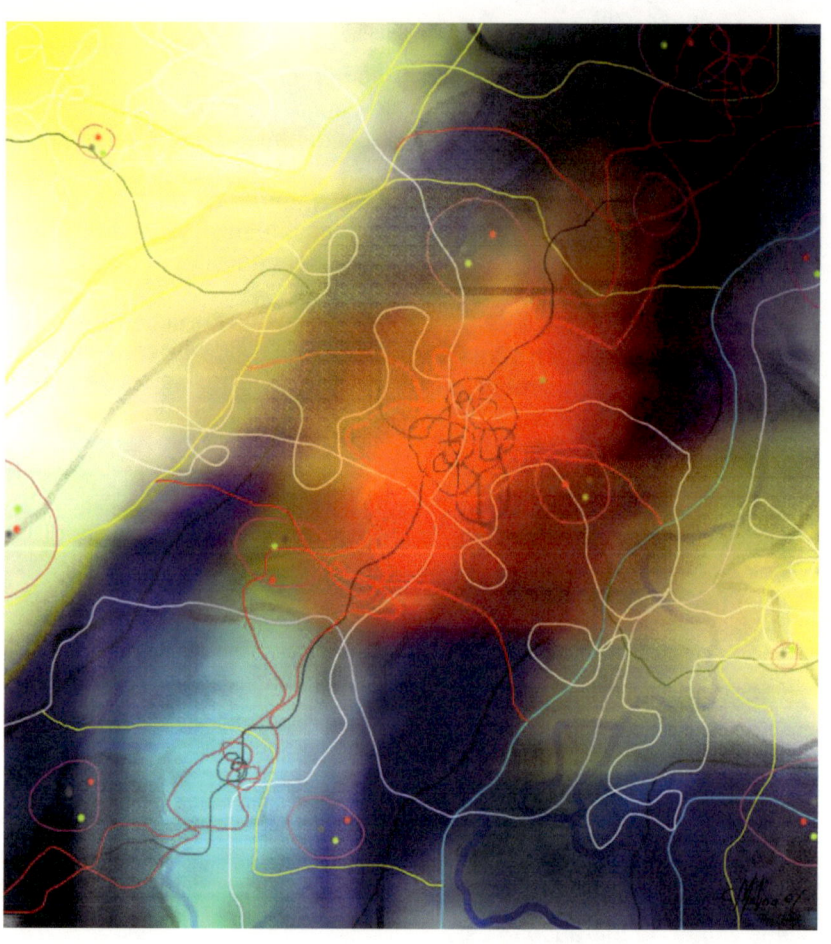

32

in atemloser stille verharrt der raum im dunkeln und die schwarze dunkle nacht, gebietet über meinen schlaf- ohne traum.

müde, schlaff, erschöpft, erwache ich, an einen traum erinnere ich mich nicht. für einen moment ist mein kopf leer, wohltuend und frei, doch mein blick fällt auf den wecker und wie klebriger kleckernder honig tropfen die gedanken langsam in mein hirn. das denken setzt ein, ich würde jetzt sogerne schreien. stöhnend erhebe ich mich von dem zerwühlten bett, dessen laken als klumpen am fußende liegt und die decke und kissen- egal. schlürfend schleich ich mich ins bad, gebeugt und denkend. die gedanken ergeben keinen sinn, ein faden erwische ich, aber verliere ihn und die gedanken beginnen sich zu drehen. wie eine dunkle gewitterfront türmen sich all die gedanken auf, ergeben keinen sinn, beginnen sich zu drehen. ich schaue in den spiegel und frage mich wer der kerl mit den tiefen furchen in dem gesicht und den eingefallenen augen wohl sein muss. hatte ich besuch? aber mir wird klar, das ich das bin. älter als ich bin, verbraucht, kaputt, erschöpft und ausgelaugt durch das denken und den strapazen der letzten zeit.

gedanken- da sind sie, immer mehr vereinen sich mit der gewitterfront, schwellen langsam stück für stück an. das wird diesmal mehr als ein gewitter, das wird ein tsunami. mir wird klar, das diese langsam, sich stetig wachsende wolke, mich einfach hinwegfegen wird, wenn sie ausbricht und den sturm über mich bringt- aber ich kann nix dagegen tun.

hilflos schaue ich in den spiegel, trostlose augen schauen mich an, und die gewissheit, das der sturm nicht aufgehalten werden kann. absolute gewissheit durchströmt mich, heute erliege ich der wolke. auch diese gedanken gesellen sich zu dem schwarzen ding, das immer mehr wächst und wächst. langsam beginnt es sich zu drehen, einem wirbelsturm gleich und zieht so immer mehr gedanken in sich auf, gedanken die ich nicht fassen kann, die keinen sinn ergeben, die alles beinhalten was mich umgibt in meinem leben und doch werd ich mich dem sturm ergeben.

der sturm nimmt zu, mein kopf dröhnt und langsam schlurfe ich zurück. der versuch mich anzuziehen erliegt auf halben weg. die jogginghose schlabbert mir um die beine, das denken wird schwieriger, obwohl ich gar nicht denke, aber der sturm zieht alles zu sich. das gewaltige schwarze wirbelnde ding da saugt alles aus mir raus- sogar mein lebensmut löst sich auf. ich ergebe mich dem sturm, erwarte seine zerstörerische kraft, warte darauf das er alles von mir einsaugt, mich in sich aufnimmt, mich nicht mehr denken lässt.

„tanze." langsam drehe ich mich um und wie zuvor im bad, frage ich mich, ob ich gäste habe, aber da ist keiner, niemand der hätte sprechen können. ich bin allein und diese tatsache saust in mir herum wie ein karussel, immer schneller und schneller, verwirrt mich und vereint sich mit dem schwarzen sturm. wieder höre ich eine stimme, ganz leise, aber vemutlich schreit die stimme und ich höre es kaum, weil das gewaltige dröhnen des sturms fast alles übertönt. „tanze den tanz des lebens." tanz des lebens? leben? was ist leben? ich kenne die stimme, aber in meiner lethargischen selbstverachtung kann ich sie nicht zuordnen, ist auch egal und schon dröhnt diese schwarze alles vernichtende sturmwand in mir auf und kommt näher an meinen verstand. verstand... ein strapazierter, übermüdeter und vollkommen überlasteter verstand der sich der sturmwand mit freuden hingeben will. aber diese stimme hat anscheinend was dagegen.

„du hast das leben gekostet, du kennst die glückseeligkeit, das wohlgefühl, die freude und den spaß am leben. erinnere dich daran."

erinnern... noch mehr das die sturmwand an nahrung in sich aufnimmt, noch mehr erinnerungen, noch mehr denken, noch mehr schwarz. „erinnere dich an das leben, tanz den tanz des lebens." immer und immer wieder rief mir diese stimme das zu, *tanz den tanz des lebens,* aber was zum geier soll der tanz des lebens sein? plötzlich spüre ich wie meine füße ganz leicht zu wippen beginnen. der rhytmus ist recht einfach und langsam- der rhytmus meines herzens. fasziniert schaue ich auf meine füße und plötzlich klappen meine hände auf meinen oberschenkeln den selben rhytmus. ist das der rhytmus des lebens, der beginn für den tanz? ich will das die schwarze alles verzehrende wolke endlich über mich kommt, ein ende macht und mich erlöst, aber dieser rhytmus fasziniert mich und ich konzentriere mich darauf.

„tanz." ruft mir die stimme wieder zu und meine beine beginnen sich zu bewegen, ganz leicht nur aber der rhytmus hat was. stück für stück beginnt sich mein körper langsam in dem rhytmus zu bewegen, den mein herz vorgibt.

„tanz den tanz des lebens." und schon bewegt sich mein körper schneller, nicht nur der rhytmus meines herzens ist jetzt da, sondern noch was anderes, nur was, das weiß ich nicht zu deuten, aber es fühlt sich gut an.

„tanz für mich den tanz... TANZ." und plötzlich beginne ich zu tanzen. es läuft keine musik, aber ich spüre einen rhytmus dem ich nicht wiederstehen kann... und er ist stärker als die anziehung der schwarzen, sich zu einem tsunami entwickelnden, alles verschlingenden und wild rotierenden sturmwand.

immer wieder höre ich das eine wort, immer schneller, immer lauter und ich bewege mich immer schneller in meinem tanz des lebens. ich spüre mein leben und plötzlich will ich das die vernichtende sturmwand weg ist.

„tanze den sturm." was soll das nun wieder heißen? kann die stimme sich auch mal entscheiden? erst den tanz des lebens, nun den sturm tanzen... oh, ich verstehe. ich tanze meinen tanz des lebens und öffne mich dem sturm. ich

34

spüre wie der tsunami über mich kommt mit all dem übel, ungeklärtem und anderen mist, den er aus mir herausgesogen hat. aber ich tanze immer schneller, wirke mit meinem tanz des lebens dem sturm entgegen, lasse nicht zu das er mich verschlingt. ich bin der sturmtänzer und langsam schwächt der sturm ab. auch mein tanz des lebens neigt sich dem ende entgegen, ich tanze den tanz des lebens, gegen meinen inneren sturm vom müde sein des lebens. ich bin der sturmtänzer und tanze meinen tanz des lebens.

*mond*

der mond steht voll am himmel,
lässt seine mystik spielen.

ich werde verrückt,
kann nicht mehr schlafen.

schaue aus dem fenster,
sehe den mond.

seine mystik, seine kraft,
strömen in mich ein.

schenken mir die kraft und
energien, die ich dir verliehn.

der mond,
so schön, so voll, rund
und doch geheimnisvoll.

der mond weckt eine sehnsucht,
die ich nie zuvor erlebt.

ich sehe dich, dein gesicht,
vereint mit dem Mond,
vereint mit dem was mir heilig.

strahlst so hell,
wie der mond am himmel.
so schön, so nah und doch so
fern.

meine strahlende mondgöttin,
das bist du,
schürst meine Sehnsucht,
wie nie etwas anderes zuvor.

strahlst so hell, so schön
und doch so weit.

meine mondgöttin, das bist du.

## gedanken

ich sitze hier und starr
auf leere wände.

die schränke sind leer
und der fernseher läuft.

ich höre musik.
und lese etwas,
versuche mich abzulenken.

aber ich höre nicht die musik
und sehe nicht die worte
die ich lese.

denn meine gedanken
sind nicht mehr bei mir.

ich sehe nur dein gesicht
und höre deine stimme
und wünschte du wärst bei mir.

ich habe hunger,
aber der kühlschrank ist leer.

ich laufe durch die wohnung,
aber niemand ist hier.

ich verspüre den drang
mich zu betrinken,
aber dann höre ich deine
stimme
und denke nur noch an dich.

meine gedanken sind nicht
mehr bei mir,
ich sehe nur dein gesicht
und höre deine stimme
und wünschte du wärst bei mir.

meine gefühle für dich,
sagen dir,
„ich liebe dich".

38

## ich kann engel sehen

wenn ich am tag in den himmel seh,
die wolken vorbeiziehen und die sonne
strahlt, kann ich engel sehen.

wenn mein herz stockt,
und der schmerz durch mich zuckt,
kann ich sehen ,
wie mich ein engel anguckt.

wenn ich in diesem bett liege,
dem weißen und reinen,
kann ich die engel sehen-
und sie weinen.

sie stehen um mich rum,
die menschen die mich lieben,
sie haben es nicht verstanden
und weinen stumm.

wenn ich nachts aus dem fenster schau,
glitzern die sterne in aller pracht,
wie diamanten ,
auf den seidenen kleidern der engel,
in der samtschwarzen nacht.

als ich erwach stehst du neben mir
und blickst auf mich hinab,
in deiner gewohnten strahlenden pracht.

stumm schaust du mich an
und hälst meine hand,
tränen glitzern in deinen grünen augen
und wie immer bringen deine augen
mich um den verstand.

ein schleier legt sich über dein gesicht,
als sich meine augen mit tränen füllen
du hattest für mich großes gewicht.

meine augen werden schwer
und meine lider fallen zu,
noch einmal blinzel ich meine tränen weg,
und ein trauriges lächeln liegt auf
deinem gesicht.

du hast mir leben und liebe neu gebracht
und geliebt habe ich dich
tag für tag für tag.

als ich einschlaf lächel ich
denn was ich als letztes seh ist ein engel
und er hat dein gesicht.

40

*marmorleben*

wie eine skulpture,
aus marmor gemeisselt,
weiss und glatt,
schwebst du vor mir.

ich betrachte dich,
so weiss und glatt
schimmert deine haut.

ich strecke meine finger aus,
will dich berühren,
die glätte deiner marmorhaut spüren.

deine haut ist so glatt,
so weiss,
wie aus marmor gemeisselt,
doch sie ist heiss.

ich umfasse dich,
spüre die hitze in dir,
meine hände zittern
und du sinkst vor mir.

meine hände,
sie gleiten über dich
und berühren
deine weisse marmorhaut.

doch bewegen tust du dich nicht.
du kniest da
und schaust mich an,
schweiss strömt aus deinen poren.

meine hände,
sie umschmeicheln dich,
polieren dich mit dem schweiss.

du glänzt,
wie nasser marmor,
doch du bist nicht mehr so heiss.

du kniest nur da,
schaust mich an,
wie eine statue
und bewegst dich nicht.

der ofen ist aus,
du kühlst langsam ab
und das was du bist,
kniet vor mir und schaut mich an.

haut aus weissem marmor,
mit rundungen,
sie machen mich heiss,
aber bewegen tust du dich nicht.

du kniest vor mir
und schaust mich an,
für einen augenblick,
hauchte ich dir leben ein.

doch du bist nur aus stein,
aus eiskaltem weissem marmor,
ohne leben,
nur glatter weisser stein.

## ich bin zurück

ich bin zurück,
zurück auf dem weg des lebens.
ich sah eine wunderschöne frau.
ich sprach mit ihr und sie verstand
mich.

ich will wieder lieben, für die richtige
frau.
ich will wieder lieben, stärker als zuvor.

ich werde ihr gegenüberstehen
und ich warte auf diesen moment.

ich kann sie hören, wenn sie spricht
und ihre lippen sind so
wunderschön.

ich schaue in ihre augen,
sie sind so dunkel,
so tief und ich will in ihnen ertrinken.

ich weiss, sie ist allein,
werde ich ihr jemals nahe sein?

ich hoffe sie fühlt auch etwas für mich.
nicht gleich liebe,
das wäre zuviel verlangt,
aber ein bisschen mehr als
freundschaft.

ich bin glücklich,
sie möchte mich auch sehen
und mein herz schlägt schneller als
zuvor.

ich will wieder lieben, für die
richtige frau.
ich will wieder lieben, stärker
als zuvor.

ich bin zurück,
zurück auf dem weg der liebe.
ich war zu lange allein,
es wär schön
mit ihr zusammen zu sein.

ich war zu lange allein.
und ich bin wie hypnotisiert
wenn ich in ihre augen schau.

ich war zu lange allein,
sie ist die frau die in meinem
kopf ist und ich weiss,

ich will wieder lieben, für die
richtige frau.
ich will wieder lieben, stärker
als zuvor.

und ich weiss,
es ist nur ein kleiner schritt
und ich bin wieder zurück.
zurück auf dem weg der liebe.

42

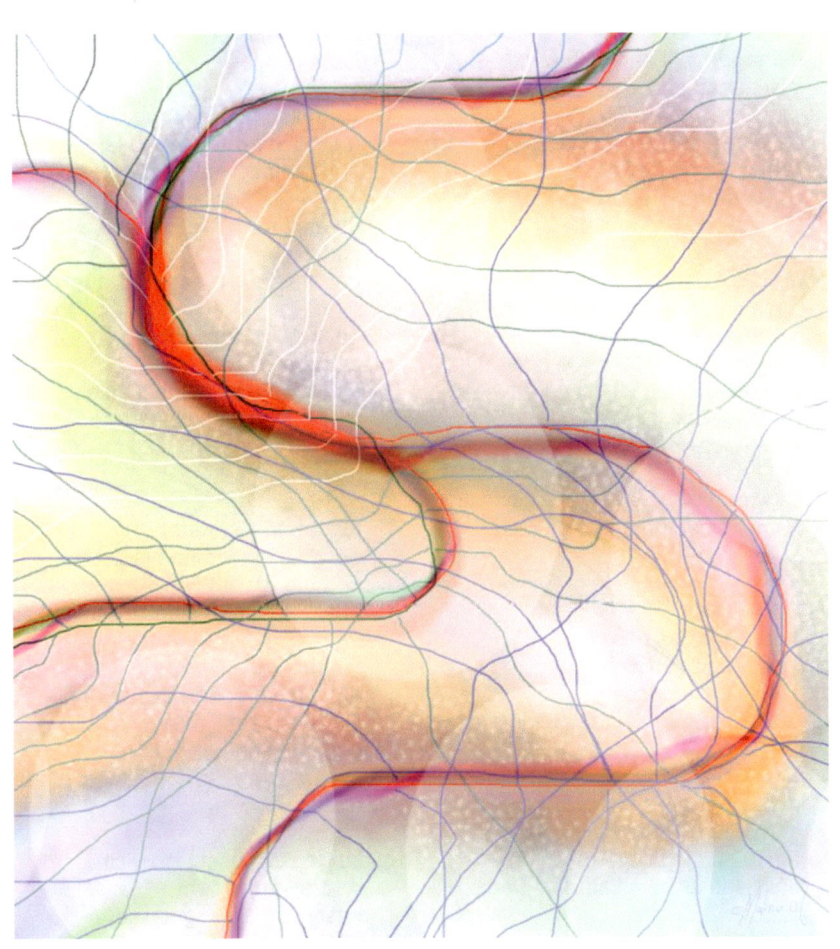

## REGEN *(goodbye dad)*

ich weiss noch genau wie es war,
erinnere mich an jede Stunde,
jede Sekunde,
an die guten und die schlechten zeiten.

fünfzehn jahre ist eine lange zeit
und doch viel zu kurz.

der regen fällt auf mich herab,
leise, sanft und weich.

spüre ihn auf meiner haut,
reinigt meinen geist,
schwemmt weg den schmerz,
doch die erinnerung bleibt.

wandere durch den regen,
lasse den schmerz hinter mir,
drehe mich nicht mehr um.

was geschehen ist, ist vorbei,
vergangenes lässt man ruhn,
sehe nach vorn- immer geradeaus.

du warst da,
wann immer ich dich brauchte,
hast mir geholfen,
wann immer ich hilfe brauchte.

du bist nicht mehr da,
die hilfe gibt es nicht mehr,
hast mich verlassen,
in einer zeit, in der ich dich brauchte.

fünfzehn jahre warst du für mich da,
immer war alles so klar.

denke an die zeit zurück,
ein leises lächeln liegt auf meinem
gesicht.

du hast alles von mir ferngehalten,
lebte in einer welt voll sicherheit.

und plötzlich war nichts mehr da.

die welt voll sicherheit,
verwandelt in einen Sumpf
aus schmerz,
hass und leid.

vergessen die schöne zeit,
nur noch schmerz und leid,
gepaart mit bitterkeit.

du hast mich allein gelassen,
einfach so
und der tag versank im regen.

dunkel und trüb der tag
an dem du gingst
und ich lauschte ins dunkel,
lauschte in die stille.
lauschte auf den rufen meines
namens.

tag um tag wartetet ich
auf dein erscheinen in der tür,
horchte ich auf meinen namen,
aber alles blieb stumm und leer.

tag um tag wartete ich
auf das vergehen des schmerzes,
hoffte ich dass mein leid
und die bitterkeit verging.
ich brauchte dich gerade jetzt umso
mehr.

lange zeit hasste ich dich,
du bist gegangen,
hast mich allein gelassen,
in einer welt voll qualen.

44

vergessene tränen,
getrieben von altem leid und
schmerz, dringen nach oben,
laufen meine wangen hinab,
vermischen sich mit dem warmen
regen auf meinem gesicht.

vor fünfzehn jahren bist du gegangen,
hast mich hineingeschleudert in die
dunkelheit.

versuchte zu leben mit dieser qual,
versuchte zu leben mit diesem
schmerz,
es ist grausam
und bald konnte ich nicht mehr.

habe mich versteckt, verkrochen,
zurückgezogen aus der hölle,
die ihr anderen leben nennt.

siebzehn jahre nachdem du
gegangen,
stellte ich mich meinen qualen,
meinem schmerz und leid,
es gibt kein vergessen
für unsere zeit.

die erinnerungen bleiben,
die qualen sind vergangen.

so wie deine zeit vor siebzehn Jahren
zu ende ging,
werde auch ich irgendwann gehen
und der regen
wird mein ständiger begleiter sein.

46

# betäubende sinnlosigkeit

lautlose explosionen
zerstören mein denken,
vernichten mein sein.

blutroter nebel senkt sich herab
benetzt mein ich,
legt sich auf meine seele.

ätzende dämpfe steigen empor,
meine seele wird zerfetzt,
von den dämpfen aus
frust, leid und sinnlosigkeit.

im kampf mit mir selbst,
blockierte wege der regulierung,
interessiere ich die menschen nicht.

meine seele ist gefangen,
in dem ätzenden dampf,
aus sinnlosigkeit.

ich schreie nach hilfe,
langsam ersticke ich,
an meiner schreienden gequälten seele.

die menschen um mich rum,
sie registrieren nicht
mein inneres schreien,
mein flehen,
mein wunsch nach hilfe.

taube und blinde verständnisslosigkeit,
und der ätzende dampf frisst sich weiter,
durch meine seele,
löst sie langsam auf.

kurz vor exidus,
schreiend vor schmerz meiner seele,
über die sinnlosigkeit meines daseins,
wird er immer stärker,
der gedanke meines scheidens.

ein seil,
geknüpft zu einer schlinge,
soll meiner seele frieden geben,
sie befreien
von der sinnlosigkeit meines seins.

doch du spürst meine qual,
die betäubenden schmerzen,

den ätzenden dampf auf meiner seele.
plötzlich bist du da,
streichst über meine seele,
nimmst den ätzenden dampf von mir.

meine seele streckt sich dir entgegen,
schlingt sich um deine,
vereint sich mit dir.

ein seufzer der erleichterung,
kein schmerz mehr der mich betäubt,
deine seele streichelt mich,
schwemmt es fort,
mein gefühl der sinnlosigkeit.

taube und blinde verständnisslosigkeit,
ist immer noch um mich rum,
nur von dir kommt verständniss,
das zuhören und die hilfe für meine
geschundene seele.

meine seele,
sie ist wieder rein,
freut sich mit deiner vereint zu sein.

du lässt mich bei dir sein
und bist für mich da,
mein sinn in diesem leben-
ist mir jetzt klar.

*wunschstern*

in der nacht,
wenn ich in den himmel blick
scheint ein meer von licht auf mich herab.

die sterne sind so weit weg
und doch erfüllen sie meinen geist
mit nie gekannter zuversicht.

jeder stern sagt man,
ist der erfüllte wunsch
von irgendjemand.

unzählige sterne
schenken mir ihr licht,
sie sind mein begleiter
und zeugen meiner zuversicht.

dies wundervolle licht,
die glitzernden sterne,
wie könnte ich mich dagegen wehren,
gegen neugeschöpfte zuversicht.

jeder stern am himmelszelt,
steht für einen erfüllten wunsch
und ich wünsche mir dich.

eines tages deute ich in den himmel,
zeige auf den strahlensten stern,
der bist dann du,
mein erfüllter wunschstern.

48

*sag mir wovor...*

ich habe den tag gesehen,
die angst in deinen augen.

sag mir, wovor du solche angst hast?
sag mir, wovor hast du solche angst?

du gehst auf diesem weg.
du gehst den weg des hasses.
warum sind die menschen so blind?
blind für den teufel in menschengestalt?

niemand sagt etwas,
niemand sagt was er denkt.
wovor hast du solche angst?
sag mir wovor du solche angst hast?

ich weiss,
eines tages findest du einen weg
deine wunden zu heilen.
ich weiss,
eines tages findest du einen weg
um deine wunden zu heilen.

sag mir wovor hast du solche angst?

ich habe den tag gesehen,
die angst in deinen augen.

du hast alles gegeben
in deinem leben
und doch verloren.

sag mir wovor du solche angst hast?

*die dunkle seite...*

das ist die dunkle seite in meinem
leben.
die dunkle seite bist du.

du bist in meinen gedanken,
aber du hast mich allein gelassen,
hineingeschleudert in die dunkelheit.

mein herz ist gebrochen,
meine gedanken spielen verrückt
und du, du bist der grund dazu.

die dunkle seite in mir bist du.
benutzt und ausgenommen,
hineingezerrt auf die dunkle seite,
das gute in mir ausgelöscht.

das kann ich nicht vergessen.
ich kann nicht glauben,
dass ich so ein narr war,
die zeichen zu übersehen,
die die dunkelheit langsam
über mein leben legen.

das ist die dunkle seite,
die dunkle seite in meinem leben.
die dunkle seite bist du.

du hast mich verlassen,
mich sitzen gelassen,
auf der dunklen seite in meinem
leben,
mit all dem schmerz, dem hass und
leid.

ich liebe dich nicht mehr,
hab es nie getan,
aber ich kann unsere zeit nicht
vergessen.

mein herz ist gebrochen
und du bist der grund für die
dunkle seite in mir.

ich kann nicht glauben,
dass ich so ein narr war.
du bist in meinen gedanken,
aber du hast mich allein gelassen.

ich kann nicht vergessen.
ich kann unsere zeit nicht vergessen.
ich kann nicht glauben,
dass ich so ein narr war.
geh aus meinem kopf.

ich bin der narr
und du bist der grund.

*du kannst nur ein engel sein*

es gibt sie doch,
es ist wahr,
die engel sind da.

ich habe einen gesehen,
mich sogar mit ihm geschrieben
und ich bin sicher - nein ich weiss es,
du kannst nur ein engel sein.

lass mich nicht allein,
du kannst nur ein engel sein
und wenn du willst,
dann sei mein.

als ich mich mit dir schrieb,
begann eine violine zu spielen.
erst ganz leise, kaum zu hören,
aber je länger wir uns schrieben,
desto lauter wurde sie.
und es war die violine für einen
engel.

und aus der violine wurden zwei,
dann drei und jetzt spielt ein
ganzes orchester.

lass mich nicht allein,
du kannst nur ein engel sein
und wenn du willst,
dann sei mein.

der himmel ist auf erden,
ich denk den ganzen tag an dich
und das orchester spielt eine
himmlische melodie,
es ist die melodie für einen
engel.

das orchester spielt die melodie,
die melodie der liebe.

sie ist in meinem kopf.
das orchester spielt die melodie
für den engel den ich liebe.

und vielleicht,
wenn du genau hinhörst,
kannst du es auch hören,
die melodie der liebe,
die melodie für den engel
den ich liebe.

lass mich nicht allein,
du kannst nur ein engel sein
und wenn du willst,
dann sei mein.

*nur ein traum?*

es ist spät,
ich geh ins bett.

nein, ich will nicht ins bett,
es ist zu gross für mich
und ohne dich.

ich schlafe ein,
beginne zu träumen
und es ist der schönste traum
in meinem leben.

du stehst endlich vor mir,
legst deine arme um mich,
ich war noch nie so glücklich.

wir gehen auf einer einsamen
insel,
hand in hand,
über den weissen sand.

deine lippen berühren meine,
wir küssen uns und liegen
nebeneinander
im weissen sand -
aber nur in meinem traum.

die sonne verfängt sich in deinem
haar,
lässt es golden strahlen,
oh wie wunderbar.

du bist mein goldschein,
dass schönste wesen,
im reich der sonne.
oh würde es doch nur wahr sein.

der tag geht zu ende.
wir lieben uns ein letztes mal,
plötzlich gleitest du mir weg.

der wecker klingelt,
NEEEEEEEEEEIIIIIN -
lass mich zurück.

mir wird klar,
es war nur ein traum,
warum nur hinterlässt er
so einen bitteren flaum?

ich wünschte der traum würde
wahr.
ich denke an dich, oh ja.

so intensiv,
dass du plötzlich vor mir stehst,
das schönste wesen im reich der
sonne.

56

*süßer sonnenschein*

eisige kälte, tiefe dunkelheit,
erdrückende stille
und schmerzende einsamkeit,
lassen mich treiben,
in einem ozean aus leblosigkeit.

scheinbar schwerelos treib ich dahin,
gleich einem treibholz,
einem stück schrott im all.
und ertrinke
in dem ozean aus leblosigkeit.

licht?
seit ewigen zeiten keines
gesehen,
zäh fliessende gedanken, trübes
sein.
lethargie der bewegungslosigkeit.

ein funkeln im dunkeln,
ich blinzle, träge schaue ich auf,
träume ich?

da blitzt es wieder, ganz klein,
ganz zart, ein klitzekleines
funkeln,
soll das hoffnung sein?

dieses kleine funkeln,
verheisst es zuversicht?
in meinem ozean aus treibender
leblosigkeit?

dieses zarte funkeln,
woher kommt es?
wer hat es geschickt?
ich weiss es nicht und zu fragen
traue ich mich nicht.

es wird heller, kommt auf mich zu,
oder treibe ich dahin?

werd ich angesogen
von dem kümmerlichen rest,
das sich an mein leben klammert -
und von der hoffung frisst?

ein name brennt sich mir ein,
SONNENSCHEIN.
er klingt so rein, so vertraut, so
süss,
mein süsser eonnenschein.

das strahlen wird stärker,
langsam füllt es die dunkelheit aus
und treibt die eisige kälte aus mir
heraus -
aus dem funkeln wurde
sonnenschein.

erfüllt mich mit seiner gnade,
erfüllt mich mit seinem sein,
die zuversicht stellt sich ein.

worte erklingen, glockenhell,
erfüllen mich, tragen mich,
lassen mich selbst wieder ich sein.

mein süsser sonnenschein
schaut in mich hinein,
sieht mich, fühlt mich,
erfährt wer ich bin.

"Ich vertraue dir... ICH GLAUBE AN
DICH" flüstert es in mir
und dröhnt zugleich.

füllt mich aus mit ungeahnter macht,
lässt mich vibrieren,
erfüllt den ozean langsam mit leben
und vertreibt die leblosigkeit

tränen rinnen mir übers gesicht,
verschleiern mir die sicht, aber ich -
glaube auch an dich.

ich bin wieder da, ich lebe wieder,
mein süsser sonnenschein hat das gemacht
und dafür danke ich dir.

*herzzeichen*

eine vase mit rosen,
sie steht auf dem tisch,
flankiert mit gläser für wein.

rot wie blut,
ergiesst sich der wein,
über den rand,
in die gläser hinein.

der kerzenschein,
er zeichnet kleine herzen,
auf die gläser -
und den wein.

wir sitzen uns gegenüber,
versinken,
in den augen des anderen.

heben die gläser
und ein helles *Pling* erklingt,
als die glaswände sich berühren.

für einen kurzen moment,
verschmilzt das licht der kerzen -
die zwei gläser zu einem.

der moment dehnt sich,
wird zu einer ewigkeit.
wir kreuzen die arme,
trinken aus dem glas des
anderen.

wir schmecken einander,
trinken die liebe des anderen.
sie ist süss und schwer,
leicht und schwerelos -
meine liebe zu dir.

das licht der kerzen,
scheint durch das glas,
zeichnet herzen
auf unser gesicht.

miteinander verbunden,
durch die liebe des anderen,
durch unser gemeinsames sein,

wird meine liebe zu dir,
nicht nur von dauer,
sondern ewiglich sein.

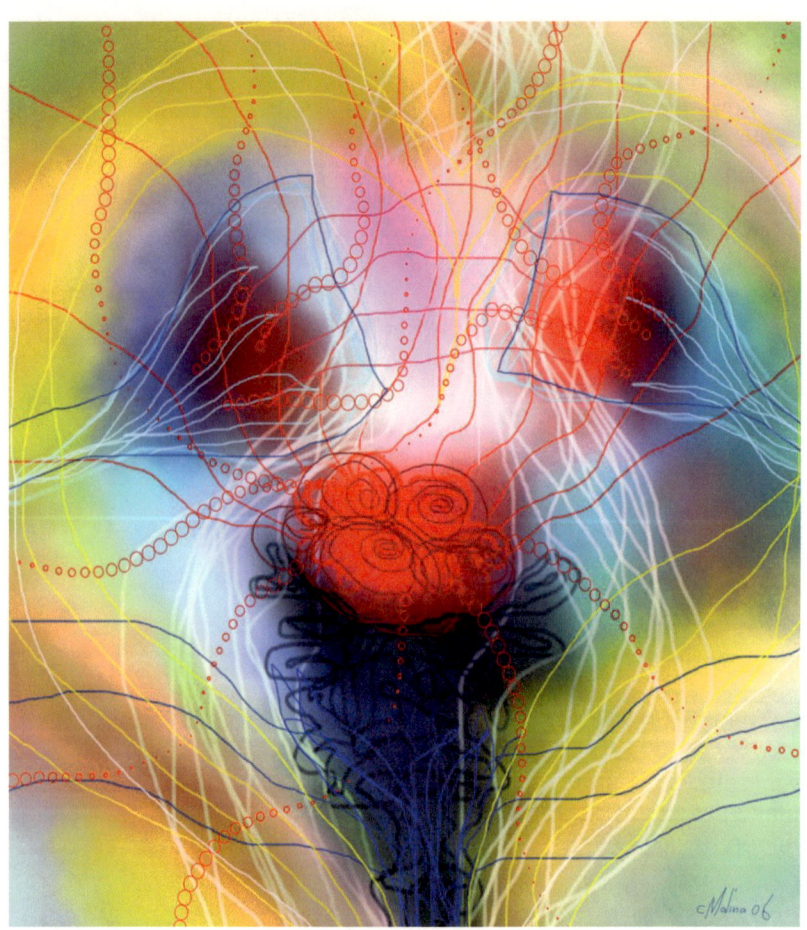

*gerechtigkeit*

nichts ist geblieben,
nur ein leeres leben.

du glaubtest du seist der king,
unschlagbar, reich, unantastbar.

hast prioitäten genossen,
das leben in vollen zügen.

hast dich selbst betrogen,
die anderen erniedrigt,
das leben vergewaltigt
und jetzt bin ich hier.

mache dir das leben schwer,
nehme dir alles, lasse dir nichts.

verwirre deinen geist,
suche dich heim.
quäle, erschrecke,
und ängstige dich in deinen
träumen.

du schläfst nicht mehr,
zitterst vor angst.
sitzt in der ecke,
schlägst die hände über den
kopf.

willst dass ich verschwinde,
aber ich lasse dir keine chance.

schliesse deine augen,
empfange mich, sehe mich,
siehe die schrecken und spüre
die angst, erlebe die qualen.

gib endlich auf,
du hast verloren,
nichts ist geblieben,
stehst am fusse zu meinen toren.

nur noch ein wenig qualen,
nur noch ein wenig leid,
ein bisschen mehr angst
und noch mehr schrecken
dann ist es endlich soweit.

die tore gehen auf,
zwingen dich hindurchzugehen.
überquere die schwelle,
dann gehörst du endlich mir.

beende deine qualen,
deine ängste,
deine schrecken und dein leid.

du hast verloren,
denn ich bin die gerechtigkeit.

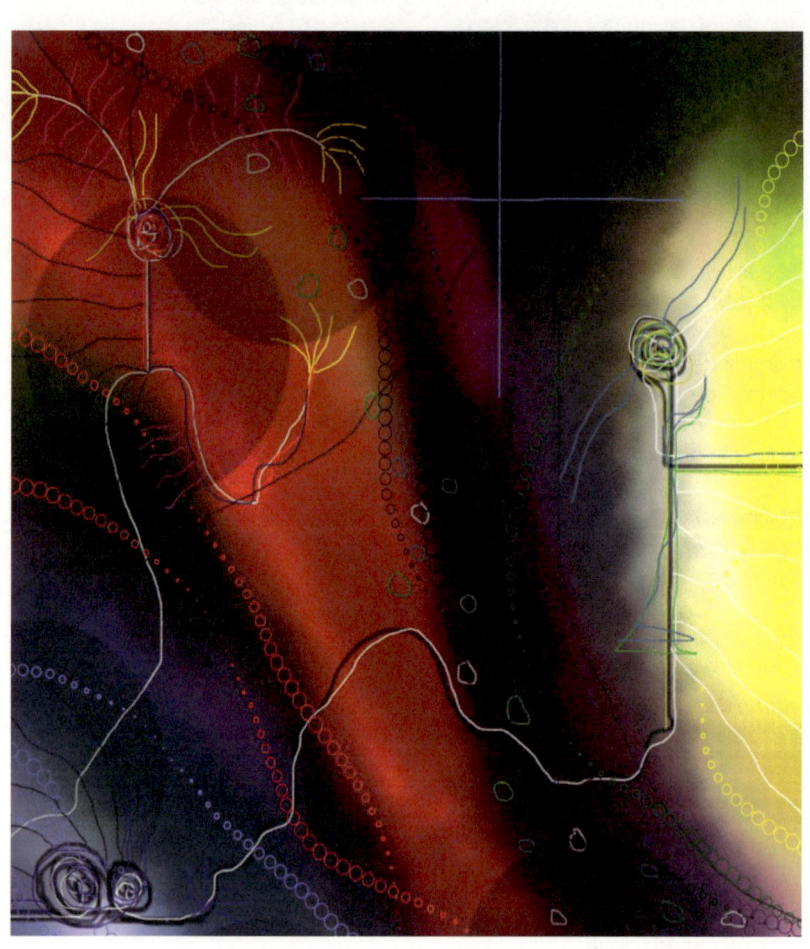

## *elixier des lebens* *(danke sonnenschein)*

mein atem stottert, stockt,
setzt aus und was ich brauche
zum leben,
ist plötzlich nicht mehr gegeben -
die luft bleibt mir weg.

schiesse aus dem schlaf empor,
die kehle schnürt sich zu, greife
mir an den hals und schnappe
nach luft,
wie ein fisch auf dem trockenem.

doch was ich brauch,
bekomme ich nicht –
die luft ist weg.

doch dann höre ich dich,
ganze leise und flüsternd.

sehe dich vor mir,
schemenhaft und flimmernd.

innerlich sehe und höre ich dich -
„ich bin bei dir, ich glaub an dich"
und plötzlich schreie ich.

was mich am leben hält erfüllt
mich,
die luft strömt zischend
durch meinem mund.

mein atem rasselt und keucht,
langsam sinke ich zurück,
und bin erfüllt vom glück.

du bist mein atem,
du gibst mir leben,
bist mein leuchtfeuer,
in den weiten meiner finsternis.

durch dich kann ich fühlen,
durch dich kann ich weinen,
durch dich kann ich lachen,
durch dich atme ich.
du bist mein elixier des lebens.

täglich werd ich neu geboren,
durch worte von dir.

du gibst mir kraft,
erfüllst meine tiefe dunkelheit,
mit dem strahlendem antlitz
deiner unbändigen reinheit.

zeit zu schlafen,
doch ich traue mich nicht,
hab angst zu ertrinken,
zu ersticken in dem luftleerem raum,
doch du rettest mich.

durch dich kann ich weinen,
durch dich kann ich lachen,
durch dich atme ich.

ich habe angst zu ertrinken,
doch du rettest mich,
du bist mein elixier des lebens.

64

*trinke*

du hast dich mir verschrieben,
geschworen mir zu dienen.

mir dein blut zu geben,
um mir zu gewähren -
mein überleben.

ich trinke dein blut,
in tiefen schlucken,
geniesse deinen lebenssaft.

dick, süss und warm,
rinnt es durch die kehle,
in meinen magen.

sehnsüchtig reckst du mir
deinen hals entgegen,
mit gierigem blick in den augen.

süsser schmerz durchflutet deinen körper,
sehnst dich nach dem nächsten biss.
schlage wieder zu, trinke,
du machst mich schwindelig.

dein blut,
so süss und warm,
geniesse ich.

du wirst immer schwächer,
deine haut, wächsern und blass.
sinkst langsam zu boden,
mit glücklichem lächeln auf dem
gesicht.

hattest dich mir verschrieben,
trinke dich aus,
lasse dich liegen.

du warst gut,
habe dich genossen,
aber die nächsten warten,
haben sich mir verschrieben.

es fällt schwer,
eine weinprobe nicht zu lieben.

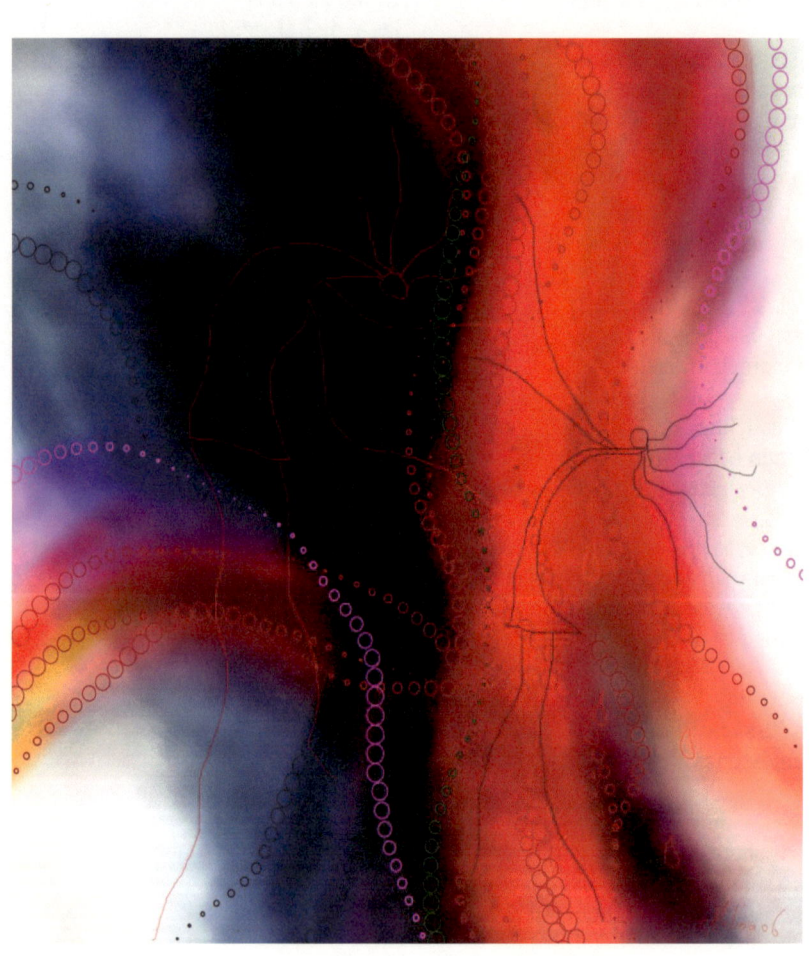

*ich wünschte ich wär...*

ich wünschte ich wär dein haar,
dann würde ich immer darin wühlen.

ich wünschte ich wär dein ohr,
dann würde ich dich immer hören.

ich wünschte ich wär deine haut,
dann kann ich dir ganz nahe sein.
ich las dich und wünschte du wärst
mein.

ich wünschte ich wär deine jeans,
dann kann ich dir nahe sein.

ich wünschte ich wär dein shirt,
dann kann ich dir nahe sein.

ich wünschte ich wär deine unterwäsche,
dann könnte ich dir noch näher sein.
ich las dich und wünschte du wärst
mein.

ich wünschte ich wär dein mund,
dann könnte ich dich immer küssen.

ich wünschte ich wär deine hand,
dann könnte ich dich immer
berühren.

ich wünschte du wärst bei mir,
dann könnte ich dir ganz nahe sein.
ich las dich und wünschte du wärst
mein.

ich wünschte ich wär dein gehirn,
dann würdest du immer an mich
denken.

ich wünschte ich wär deine augen,
dann würdest du immer mich sehn.

ich wünschte ich wäre dein herz,
dann könntest du hören
wie tief meine liebe ist.

ich wünschte ich wäre deine seele,
dann könntest du fühlen
wie wahr diese worte sind.

ich las dich und wünschte du wärst
mein.

## in deinen augen

der winter breitet seine arme über das
land.
wie ein jungfräuliches leben hüllt er es
ein,
scheint es beschützen zu wollen,
und doch fühle ich innerlich grosse pein.

der letzte winter hat dich mir
genommen,
du warst so zart, wie porzellan
von feinstem schliff,
und rein, wie frisch gefallener schnee.
und doch las ich in deinen augen deine
pein.

ich hab dich im dunklen wald
gefunden,
auf dem boden kauernd,
bedeckt mit einem dünnem
gewand.

du strahltest leben aus,
die wärme schlug mir entgegen,
warst aber halb erfroren
und in deinen augen konnte ich
den tod lauern sehen.

ich nahm dich mit nach haus,
gab dir heissen tee
und setzte dich ans feuer,
eingehüllt in eine warme decke.
das leben kam zurück,
aber ich bezahlte es teuer.

mit der wärme verging dein
zittern,
die kälte kroch aus deinem
körper,
du bekamst wieder farbe
und schautest mich an.

die wochen vergingen
du lerntest mich kennen,
respektiertest mich
und ich war dir verfallen.

aber ich las in deinen augen,
es gibt keine wärme,
kein vertrauen.

im frühling und sommer
warst du voller elan- und zuversicht.
liebtest du blumen, gleich welcher art,
sprachst zu den tieren,
als gehörtest du zu ihnen.

spieltest mit deinen geschwistern,
den sonnenstrahlen,
fülltest mein leben aus mit wärme,
geborgenheit und zuversicht.

der sonnenschein kann nicht auf dem
menschland leben, der sonnenschein
muss in menschennähe vergehen,
lebender sonnenschein wird unglück
und pein säen.

immer wieder hörte ich diesen
satz,
aber ich verdrängte ihn.
genoss mit dir das leben,
aber in deinen strahlenden
augen,
konnte ich keine zukunft sehen.

der herbst brach herein
und mit ihm ein trüber schein.
ich spürte deine veränderung,
aber ich wollte es mir nicht gestehen,
ich wollte es nicht sehen,
dein vergehen.

70

ein herrlich süsser sonnenschein
nannte ich mein.
mein süsser sonnenschein,
niemals wieder würde es so sein.

deine haut wurde blass,
deine augen verloren ihren
schein
und der spruch viel mir wieder
ein.

der sonnenschein kann nicht auf dem
menschland leben, der sonnenschein
muss in menschennähe vergehen,
lebender sonnenschein wird unglück
und pein säen.

der winter kam,
überzog das land mit eisigem
glanz,
die seen gefroren zu silbernen
spiegeln.

an den bäumen hingen
eiszapfen,
so glitzernd und rein,
wie diamanten im feuerschein-
und dein glanz verlosch.

du gabst deinen glanz an die
natur,
nie wieder würde es so sein,
als an dem tag an dem du gingst.

der sonnenschein kann nicht auf dem
menschland leben, der sonnenschein
muss in menschennähe vergehen,
lebender sonnenschein wird unglück
und pein säen.

wieder einmal,
vielleicht zum tausendsten mal in
diesem jahr,
höre ich diesen spruch
und an diesem tag wusste ich,
es ist wahr.

das unglück brach herein,
nachdem du gegangen verlor ich
land, haus, vieh und DICH-
und zu guter letzt - selbst mich.

die pein ist da, das ganze jahr,
nie wird es wieder so sein,
nie wird der glanz
und deine schönheit bei mir sein.

der winter ist wieder da,
doch er berührt ein land
ohne glanz und schein.
die seen sind stumpf,
die eiszapfen nur noch grau.

ich schliesse meine augen.
ergebe mich der pein.
und hinter meinen lidern,
kann ich dich sehen,
meinen süssen sonnenschein.

*Windgeflüster*

Der Wind streicht durch die Bäume, lässt ihre Äste sich bewegen, wie Arme, die mir zuwinken wollen. Die Blätterdächer säuseln, rauschen und flüstern, wie eintausend Stimmen, die mir etwas zuflüstern wollen. Kraftvoll und stark biegt der Wind die Äste, lässt sie tanzen nach seinem Willen und doch ist er so sanft dabei.

Die Bäume werden geschüttelt und die alten und nicht so starken Blätter fallen ab, so als wenn der Wind ihr Friseur wäre, gibt er den Bäumen neues Aussehen.

Nicht nur die Blätter rauschen und scheinen zu flüstern, auch der Wind will mir etwas sagen. Sein Säuseln an meinen Ohren ist lieblich, seine Kraft als er durch meine Haare streicht, mit ihnen spielt und auch mir neues Aussehen gibt, ist eindringlich.
Ich höre ihm zu, konzentriere mich und dann erzählt er mir von dir.

Ein Wesen, so kraftvoll und rein, wie er selbst, so erzählt er mir, sollst du sein.
Ich höre ihm zu, bin hingerissen von seinem Säuseln, seinem Flüstern an meinen Ohren, als er mir erzählt wie schön du wärst.

Gleich mir, so stehst du gerade, siehst seinem Spielen in den Bäumen zu und hörst ihn reden, ihn flüstern über einen Menschen, der so ist wie du.
Der Wind lässt seine Finger über mich gleiten, mein Gesicht liebkosen, durch meine Haare fahren und ich höre ihm zu.

Wie er von dir erzählt, wie tief deine Sehnsucht ist, wie stark deine Liebe, und es ist als beginne ich dich zu spüren, tief in mir drin. Und langsam quält er mich, mit seinen Beschreibungen von dir, entfacht meine Sehnsucht, mein Verlangen und entzündet meine Liebe zu dir.

Der Wind umschmeichelt mich, liebkost und streichelt mich und in meinen Gedanken berührst du mich. Wir seien verbunden, säuselt der Wind und würden uns finden, doch die Verbindung zu finden, den Weg zu gehen, sei unser gemeinsames Kind.

Das Flüstern des Windes wird leiser, seine Liebkosungen weniger. Der Wind flaut ab und flüstert mir ein letztes Wort zu...

Sternensee.

Der Wind flaut ab, es ist helllichter Tag, kein Stern zu sehn – Sternensee. Das Wort hallt in mir nach und ich frage mich, werd ich ihn je sehen?
Den Sternensee?

Es ist alles still, der Wind hat sich zurückgezogen, so als wenn er nur auf mich gewartet hätte, um mir von dir zu erzählen.

Ich drehe mich um, will gehen, aber dann denke ich an dich und kann dich sehen, jetzt weiss ich wen der Wind meint.

Du bist der Sternensee, mein Sternensee so soll es sein und ich werd dich erkennen, wenn ich dich sehe.

## ketten ihrer knechtschaft

es gab eine zeit,
da konnte ich stolz auf mich sein,
doch das verblasst im trüben schein

es gab eine zeit,
verliebt und glücklich zu sein,
jedenfalls bildetet ich mir das ein.

einst lebte ich,
doch ich entfernte mich.

es gab eine zeit,
da brauchte ich sie,
doch missmut und egoismus erfuhr ich.

einst stand meine welt still,
verharrte und zerfiel.

das schleichende gift von depressionen,
trieb mich in die lethargie-
und ließ mich verdorren.

viel zu lange trieb ich dahin,
viel zu lange ohne verstand
und nirgends ergab etwas sinn.

ich lernte angst,
angst vor ihr nicht zu bestehen,
ablehnung und missgunst zu erleben.

die angst lähmte mich
und innerlich zerbrach ich.

spät lernte ich zu lieben,
aber ich musste mich zu sehr verbiegen,
nur um den schein von leben zu kriegen.

es gab eine zeit,
da gab es kein leben in mir.

viel zu spät griffen hände nach mir,
begannen mich zu formen, zu drehen,
zu schätzen, liebkosen und lieben.

vertrauen gab es mir
und zuversicht,
besonders aber
der neue glaube an mich.

undendlich lange war die zeit,
die meine seele in ihrem gefängniss
wunden reisst
durch ihren keim der gleichgültigkeit,
und niemand hört wie sie um hilfe
schreit.

doch jetzt,
nach solanger zeit,
ist das gefängniss zerstörrt,
meine seele befreit.

jetzt pfeiff ich auf sie,
jetzt scheiß ich auf sie,
sie interessierst mich nicht.

jetzt bin ich frei,
durch wahre liebe
und echter freundschaft,
hab ich sie gesprengt,
**die ketten ihrer knechtschaft**.

76

*schlüßel zur freiheit*

du stehst vor der tür,
den schlüßel in der hand
und hörst nicht auf deinen verstand.

du führst den schlüßel zum schloß,
einen moment verharrst du,
was ist nur los?

hinter der tür ist es einsam,
kalt und leer.

vergiss den schlüßel,
steck ihn nicht ins schloß,
steck ihn ein, dreh dich um,
das leben ist ausserhalb von deinem
universum.

niemand wartet hinter der tür,
niemand empfängt dich,
nur der  tote raum.

die gedanken jagen sich,
du schaust zurück zur treppe,
nur drei etagen tiefer
wartet das leben auf dich.

die schlüßel klappern
und erschrecken dich,
der schlüßel steckt im schloß,
doch noch drehst du ihn nicht.

sehnsüchtig schaust du die treppe an,
spürst wie deine gedanken träger werden,
die treppe ins leben-
was für ein schmarn.

das schloß klickt,
die tür springt auf,
doch niemand ist da
und breitet die arme aus.

kalte einsame leere,
dem all so ähnlich,
springt dich an
und reisst dich in ihren bann.

die tür fällt zu,
die treppe ins leben-
für heute verschwunden.

ein neuanfang- wie lächerlich
und doch hast du heut,
wieder ein schatten von leben
gesehen.

doch du sitzt wieder in deinem stück
all,
aus leerer kalter einsamkeit
und starrst ihn an,
deinen schlüßel zur freiheit.